= Apfel

Mit Bildern lesen lernen!

Liebe Eltern,

Bilder sind viel einfacher zu lesen als Wörter und Sätze. Wenn in einer Geschichte Wörter durch Bilder ersetzt sind, werden gerade Leseanfänger leichter zum Anschauen und Lesen verlockt.

Ein schönes Lesespiel: Sie lesen den Text, Ihr Kind sagt jeweils das Wort für das Bild – und lernt dabei etwas ganz Wichtiges: Lesen heißt immer auch überlegen, was als nächstes Wort folgen könnte.

Aber auch für Kinder, die schon alleine lesen wollen, sind die übersichtlich gegliederten Geschichten eine geeignete Herausforderung. Die eingestreuten Bilder helfen beim Lesen. Und auf den Suchbildern am Ende jeder Geschichte finden die Kinder eine spielerische Auflösung: die im Text verwendeten Bilder und die dazugehörigen Begriffe.

Prof. Dr. Manfred Wespel,
lesedidaktischer Berater des
KÄNGURU-Programms

Barbara Zoschke

Kunterbunte Autogeschichten

Mit Bildern von Stephan Baumann

ars≡dition

Die Deutsche Bibliothek – CIP-Einheitsaufnahme

Kunterbunte Autogeschichten / Barbara Zoschke.
Mit Bildern von Stephan Baumann. - 1. Aufl. - München : Ars-Ed., 1997
(Känguru : Mit Bildern lesen lernen)
ISBN 3-7607-3746-3 Pp.

Lesedidaktische Beratung: Prof. Dr. Manfred Wespel
Nach den Regeln der neuen Rechtschreibung

Gedruckt auf umweltfreundlichem Papier ohne Chlorbleiche

1. Auflage 1997

Ausstattung und Herstellung: arsEdition, München
Titelbild und Innenillustrationen: Stephan Baumann
Titelvignette: Carola Holland
Einbandgestaltung: Ralph Bittner
Printed in Germany · ISBN 3-7607-3746-3

Inhalt

Marcos Traumfahrt 8

Das Müllauto kommt! 20

Fritz und Frieda 30

Der Ball findet einen Spielplatz 40

Das Wettrennen 50

Marcos Traumfahrt

Marco  sitzt auf dem 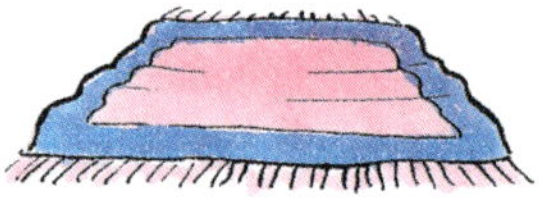

und spielt.

Er hat einen  ,

einen  und ein rotes  .

Der  kann  hochheben.

Der  fährt die  fort.

Das rote  kann schnell flitzen.

 mag das rote  sehr.

Er schiebt es über den 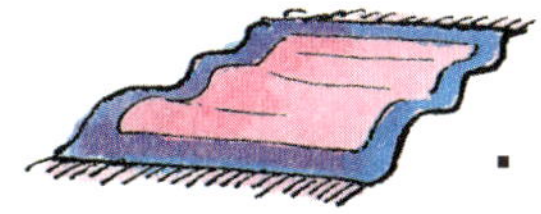.

Die  drehen sich schnell.

Vor dem 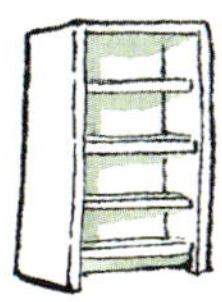 bremst das  ab.

Hier geht es nicht weiter.

Plötzlich sagt das  :

„Bitte einsteigen!“

 staunt.

Mutig öffnet er eine 

und steigt in das rote  .

 bewegt das  .

Er tritt auf das  .

Brumm – das  fährt los.

Es holpert über den 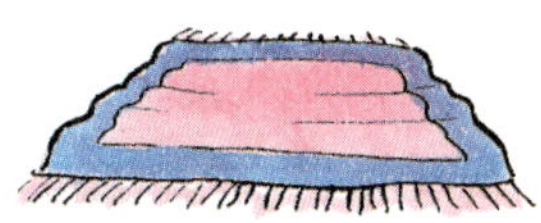

und fährt unter den  .

 lenkt das  geschickt

um die 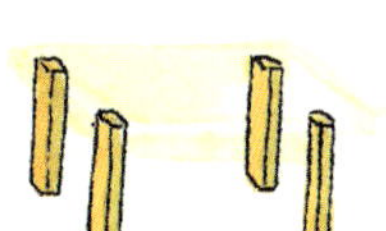 herum.

Es geht unter dem  hindurch

und weiter zum  .

Vor dem  steht eine  .

 fährt schnell

um die  herum.

Hoppla! Da steht auch eine  .

 bremst.

Zu spät! Das rote 

fährt gegen die .

Sie wackelt und es fängt an zu regnen.

 macht den  an

und fährt weiter.

Bald ist die  trocken.

 macht den  wieder aus.

Jetzt fährt er zu seinen  .

Dort trifft er den 

auf seinem  .

 fragt den  :

„Willst du mitfahren?“

„Nein“, antwortet der  ,

„ich habe doch mein  .“

Da ruft jemand laut: „  !“

 sagt:

„Das war meine Mutter  .

Ich muss ins  .“

Der  winkt und reitet davon.

 steigt aus dem 

und macht die  zu.

„Tschüss bis morgen“,

flüstert er dem roten  zu,

„dann fahren wir weiter.“

Marco

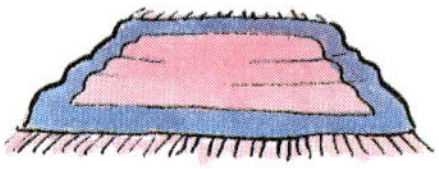
Teppich

Bagger

Lastwagen

Lenkrad

Scheibe

Bett

Mutter

Spielsachen

Scheibenwischer

Pferd

Vase

Auto

Bauklötze

Räder

Tür

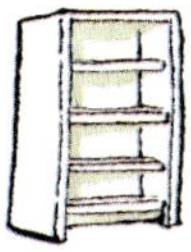
Regal

Cowboy

Gaspedal

Tisch

Gießkanne

Sofa

Stuhl

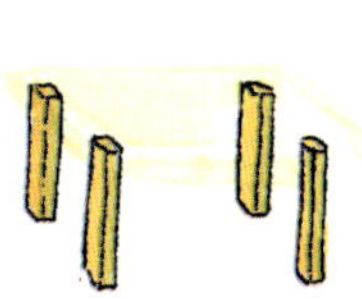
Tischbeine

Das Müllauto kommt!

Tim  steht am .

Er wartet auf das .

Da fährt es auch schon

vor das .

 öffnet das 

und tritt auf den  .

Die  kennen 

und winken ihm zu.

Sie springen vom  herunter

und ziehen zwei 

an das  heran.

Dann drücken sie auf einen .

Die  werden hochgehoben.

Es rumpelt und klappert.

Nun sind die  leer.

Der  beugt sich aus dem .

„Hallo,  !“, ruft er.

„Möchtest du mal wieder mitfahren?“

 läuft um das  herum.

Der  öffnet die 

und  klettert hinein.

Die  springen auf das  .

Und los gehts.

 rutscht aufgeregt

auf seinem 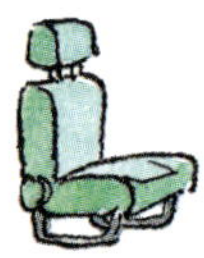 hin und her.

Er schaut aus dem  .

Wie klein jetzt alles ist!

Vor dem nächsten 

hält das  wieder an.

Ein  zieht eine 

über die  .

Er stolpert, die  kippt um

und der  fällt auf die  .

Der  holt einen 

und eine  .

Er kehrt den  zusammen.

Da entdeckt  etwas im  .

„Das ist ja meine  !“, ruft er,

„die habe ich gestern verloren.“

Der  bückt sich,

hebt die  auf

und gibt sie  .

Er lacht und sagt:

„Steck sie in die 

und pass gut auf sie auf.“

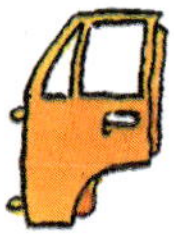

Tür

Gartentor

Müllauto

Mütze

Müll

Besen

Trittbrett

Gartenzaun

Fahrer

Waschmaschine

Gehweg

Straße

Haus

Knopf

Tim

Fenster

Sitz

Schaufel

Mülltonnen

Müllmänner

Fritz und Frieda

Das ist Fritz  .

 ist ein Taxi.

Hinter dem  sitzt Frieda  .

 und 

fahren durch die .

Vor einem  steht ein .

Er winkt  und  heran.

Der  hat zwei große .

 und  halten an.

„Mein  fährt gleich“,

sagt der .

„Fahren Sie bitte zum .“

Die  kommen in den .

Dann fahren  und  los.

In der  sind viele  .

„Können Sie nicht schneller fahren?“,

fragt der  .

„Nein“, antwortet  ,

„es sind zu viele  unterwegs.“

Am  stehen  .

 und  halten an.

Die  gehen über den  .

„Warum halten Sie denn an?“,

fragt der  ungeduldig.

„Mein  fährt doch gleich!“

 antwortet: „Damit die 

über den  gehen können.“

Eine  zeigt Rot.

 und  halten an.

Da sehen sie eine junge 

mit einem ganz dicken  .

Die  winkt aufgeregt.

 kurbelt das  herunter.

„Fahren Sie mich schnell ins 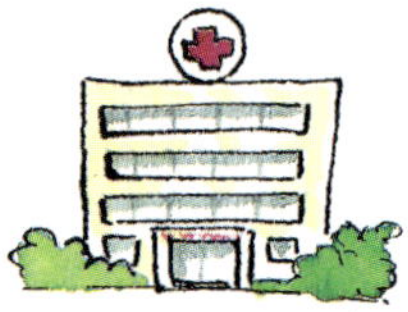 “,

sagt die  ,

„ich bekomme ein  .“

 und  fahren sofort

ins 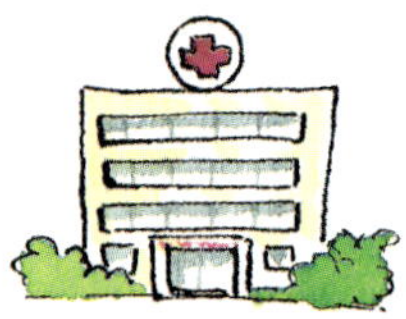 .

Dort steigt die  aus.

Endlich geht es zum  .

 schaut auf die 

und sagt: „Oje, wir sind sehr spät!

Ihr  ist bestimmt schon weg!“

Da lacht der  :

„Aber das 

ist vielleicht schon da!“

Fritz

Uhr

Stadt

Bauch

Frau

Mann

Baby

Krankenhaus

Fenster

Lenkrad

Hochhaus

Autos

Zug

Bahnhof

Kinder

Frieda

Ampel

Zebrastreifen

Kofferraum

Koffer

Der Ball findet einen Spielplatz

Paul  und Meral 

wollen mit dem spielen.

Sie gehen hinunter auf die  .

Hier parken viele  .

 wirft den  hoch.

 kann den  nicht fangen.

Der  fällt auf ein  .

Da kommt ein 

mit einem  in der  .

Er schimpft: „Passt auf!

Die  ist doch kein  !“

Der  schließt das  auf.

„Und wo ist ein  ?“,

fragt  .

 und  spielen weiter.

Gerade als  den  fängt,

hupt ein großer  .

 erschrickt

und lässt den  fallen.

Er rollt die  hinunter.

Als der  fort ist,

können  und 

den  nicht mehr finden.

Sie schauen unter alle .

Sie finden eine zerbeulte .

Aber den  finden sie nicht.

„Vielleicht in der  ?“,

vermutet  .

 und  schauen nach.

Sie finden ein altes  .

Aber den  finden sie nicht.

„Vielleicht ist der 

die  runtergerollt“,

sagt .

 und  rennen zur .

„Da ist ja der !“, ruft .

Auf der  steht eine  .

Sie hat den  gefangen.

Nun gibt sie ihn  .

„Auf der  ist es gefährlich“,

sagt die  .

„Spielt lieber in unserem  !“

 und  freuen sich.

„Der  hat einen  gefunden“,

sagt  .

Garten

Dose

Ball

Paul

Frau

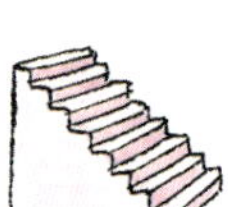

Treppe

Schlüssel

Hecke

Straße

Auto

Bonbon

Mann

Hand

Meral

Spielplatz

Lastwagen

Das Wettrennen

Das ist Mini  .

 ist ganz klein.

Und das ist Maxi  .

 ist sehr groß.

 und 

stehen auf dem 

.

„Du bist aber klein“,

sagt  zu  ,

„du bist bestimmt eine lahme  !“

 blinzelt beleidigt

mit ihren  .

„Haha, wie klein deine  sind“,

lacht  ,

„und wie klein dein  ist,

so klein wie ein  .“

 schaut zu  hinauf.

 hat riesige 

und riesige  ,

so groß wie 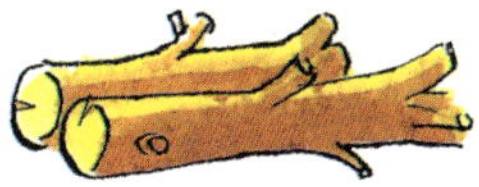 .

„Los, wir fahren um den 

“,

schlägt  vor.

„Mal sehen, wer zuerst wieder hier ist.“

 erschrickt. Sie denkt:

„ ist zehnmal größer als ich.

Bestimmt ist 

auch zehnmal schneller.

Ich werde verlieren.“

 und  fahren los.

 fährt schneller als .

Da steht ein  auf der 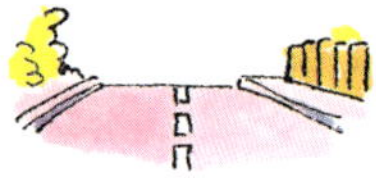.

 muss anhalten.

 flitzt an dem  vorbei.

Achtung! Da liegen große 

auf der  .

Langsam fährt 

um die  herum.

 fährt einfach über die 

und donnert an  vorbei.

Vor einer  bleibt  stehen.

Hier passt  nicht durch.

 saust an  vorbei.

Sie passt unter der 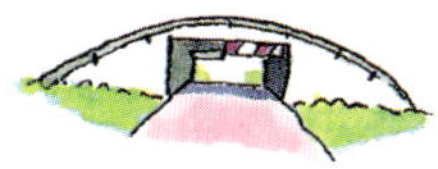 hindurch.

 kommt zuerst am 

an.

 hat gewonnen.

„Wer hätte das gedacht?“,

jubelt  .

Als  endlich auf den 

rollt,

brummt er: „Wer hätte das gedacht?“

Mini

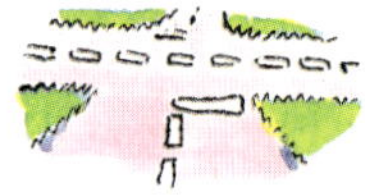

Kreuzung

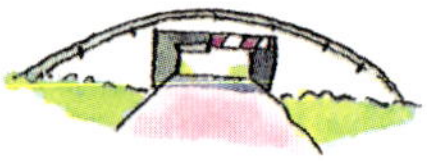

Brücke

Räder

Bus

Auspuff

Ente

Steine

Auspuffrohre

Scheinwerfer

Parkplatz

Maxi

Straße

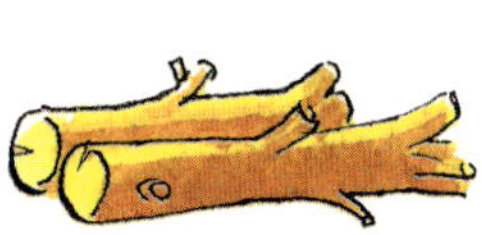

Baumstämme

Streichholz

KÄNGURU Lesestufen-Modell

So macht Lesenlernen richtig Spaß – mit Büchern, die auf die unterschiedlichen Lernphasen zugeschnitten sind: 5 Lernschritte, 5 Buch-Reihen. »Kinder werden dann zu begeisterten Lesern, wenn Buch und Leseentwicklung zusammenpassen.«

Prof. Dr. Manfred Wespel, lesedidaktischer Berater des KÄNGURU-Programms

»Mit Comics lesen lernen«

2. Lesestufe ab 6 Jahre

- jeweils eine kurze Geschichte für Leseanfänger
- mit frechen und witzigen Comic-Elementen
- leicht lesbare Fibelschrift

»Mit Bildern lesen lernen«

1. Lesestufe ab 5 Jahre

- kurze lustige Geschichten mit einfachem Text
- Bilder ersetzen Namenwörter
- sehr große Fibelschrift
- fünf doppelseitige Suchbilder

»Kinderroman« und »Krimi-Abenteuer«

5. Lesestufe ab 10 Jahre

- jeweils ein längerer packender Roman für begeisterte »Leseprofis«
- eingestreute Schwarzweiß-Illustrationen

»Leseabenteuer in Farbe«

4. Lesestufe ab 8 Jahre

- jeweils eine längere spannende Geschichte
- viele farbige Illustrationen
- große Schrift

»Erste Geschichten zum Selberlesen«

3. Lesestufe ab 7 Jahre

- mehrere kurze Geschichten zu einem Thema
- klare Textgliederung als Lesehilfe
- große Fibelschrift
- viele farbige Illustrationen

Alle hier gezeigten

Bücher nach

NEUER RECHTSCHREIBUNG!